Magic Cooking

TANJA DUSY

ITALIENISCH VEGETARISCH

Töpfchen koch! Meine Zaubertricks für italienisch & vegetarisch / 4

DIE REZEPTKAPITEL:

GANZ PUR
6

Einfache Gerichte + starker Geschmack = typisch italienisch. Mit dieser Zauberformel verwandelst du wenige gute Zutaten – Simsalabim! – in Lieblingsrezepte.

GANZ KLASSISCH
24

Hier zeigen Tomate, Aubergine & Co, wie viel Geschmacksmagie in ihnen steckt: Höchster Gemüsegenuss – mal als toskanische Suppe, zu überbackenen Pfannkuchen, Polenta und natürlich zu Pasta.

GANZ KREATIV
40

Spannende Zutaten-Kombis wie Radicchio-Risotto oder Grünkohl-Pizza, die trotz gegensätzlicher Aromen und Texturen zu einem stimmigen Ganzen verschmelzen – für neugierige Küchenmagier und genussvolle Aha-Momente der besonderen Art.

Register / 60
Autorin und Fotograf / 62
Impressum / 64

Hereinspaziert – ins Zauberreich der italienischen Genüsse! Damit es auch wirklich **SO MAGISCH** schmeckt wie im Original, findest du in jedem Rezept die entscheidenden Tricks: Wie gelingt Nudelteig sicher, mit oder ohne Nudelmaschine (siehe S. 22)? Wie wird ein selbst gemachtes Pesto perfekt aromatisch (siehe S. 40), und wie geht eigentlich Pizza mit Wow-Effekt (siehe S. 56)?

TÖPFCHEN KOCH!

Meine Zaubertricks für italienisch & vegetarisch

Pasta geht eigentlich immer. Pizza? Oft und gerne! Auch sonst hat es mir die italienische Küche angetan – weil sie so einfach, schlicht und schnörkellos ist. Und weil sie immer schon bewiesen hat, dass sich mit nur wenigen guten Zutaten und auch ganz ohne Fleisch etwas Wunderbares **AUF DEN TISCH ZAUBERN** lässt.

Die mediterrane Küche gilt heute als besonders gesund. Für mich persönlich bedeutet sie vor allem auch Lebensfreude. Italienisch zu kochen macht einfach Spaß, denn es braucht nur wenige Zutaten – dafür aber die besten. In kaum einem anderen Land wird so viel Wert auf die **QUALITÄT DER PRODUKTE** gelegt, vom nativen Olivenöl bis hin zu Ricotta, (Büffel-)Mozzarella, Risotto-Reis, Aceto Balsamico, Tomaten aus San Marzano …

Gutes muss nicht verändert werden. Deshalb gibt es in diesem Buch auch jede Menge **VEGETARISCHE KLASSIKER**. Dabei erkläre ich allerdings genau, wie die Gerichte optimal gelingen. Im letzten Kapitel »Ganz kreativ« stelle ich dann meine liebsten Rezeptideen für Experimentierfreudige vor.

Das Produkt ist König, deswegen bleibt auch die Zubereitung meist einfach. Es geht darum, einen **PUREN GE-SCHMACK** zu heben, zu unterstreichen und keinesfalls zu verfälschen. Das passiert auch in meinen Rezepten – entdeck' mit mir das magische Zusammenspiel unterschiedlicher Aromen und Texturen.

Meist ist es nur ein kleiner Dreh, **EIN MAGISCHER TWIST**, der den Zutaten am meisten Geschmack entlockt. Und auch mal ein kreatives Spiel wie beim Risotto mit bitterem Radicchio, süßen Birnen und gerösteten Walnüssen: Das schmeckt anders, unerwartet, voll und rund, aber trotzdem unglaublich italienisch – ganz ohne Fleisch und viel Chichi.

Einleitung | 5

GANZ PUR

CROSTINI MIT BOHNENCREME

1 Dose weiße Bohnen (400 g, z. B. Cannellini-Bohnen)
1 Knoblauchzehe
1 kleiner Zweig Rosmarin
3 EL Olivenöl
Salz | Pfeffer
½ Zitrone
¼ TL edelsüßes Paprikapulver
180 g halbgetrocknete Tomaten (»semisecchi«, aus dem Glas, in Öl)
4 Stängel Petersilie
1 milde Chilischote
2 Msp. abgeriebene Bio-Orangenschale
8–12 Scheiben Weißbrot (z. B. Ciabatta oder Baguette)
–

Für 2 Personen
25 Min. Zubereitungszeit
Pro Portion ca. 675 kcal

1 Bohnen in ein Sieb abgießen und abtropfen lassen, dabei die Einweichflüssigkeit auffangen. Knoblauch schälen und grob würfeln. Rosmarin waschen, trocken schütteln, Nadeln abzupfen und fein hacken.

2 In einer kleinen beschichteten Pfanne 1 EL Öl erhitzen und den Knoblauch darin andünsten. Den Rosmarin zugeben und kurz mitdünsten, dann die Bohnen und 4–5 EL Einweichflüssigkeit unterrühren. Salzen, pfeffern und zugedeckt ca. 10 Min. bei kleiner Hitze köcheln lassen, dabei nach Bedarf wenig Einweichflüssigkeit zugießen. Danach abkühlen lassen. Die Zitrone auspressen und die Bohnenmischung mit 2 TL Zitronensaft, dem übrigen Öl (2 EL) und, je nach gewünschter Konsistenz, etwas Einweichflüssigkeit pürieren. Mit Salz, Pfeffer, Paprikapulver und Zitronensaft abschmecken.

3 Inzwischen Backofen auf 200° vorheizen. Die halbgetrockneten Tomaten abgießen, abtropfen lassen und klein hacken. Petersilie waschen und trocken schütteln, Blättchen abzupfen und fein zerschneiden. Chilischote waschen, längs halbieren, von weißen Trennwänden und Kernen befreien und fein hacken. Mit Tomaten, Petersilie und Orangenschale mischen.

4 Die Brotscheiben auf ein Backblech legen und im heißen Ofen (Mitte) in 2–3 Min. goldbraun rösten. Lauwarm abkühlen lassen, die Bohnencreme daraufstreichen und mit der Tomatenmischung belegen.

Meine Prise Magie

für volles Aroma

Getrocknete Bohnen werden klassisch mit Lorbeer und Kräutern wie Rosmarin vorgegart. Damit auch die Dosenbohnen intensiver schmecken, lasse ich sie kurz mit den Würzzutaten schmoren. Die konnten beim Andünsten schon Aroma tanken.

Meine Zauberformel

für ganz Eilige

Noch schneller sind die Crostini fertig, wenn du die Bohnen gleich mit dem rohen Knoblauch und etwas weniger Rosmarin pürierst. Das Brotrösten übernimmt bei kleineren Mengen der Toaster.

ZUCCHINI-FRITTATA

250 g kleine Zucchini
1 kleine rote Zwiebel
1 Stängel Thymian
3 EL Olivenöl
Salz | Pfeffer
4 Eier
frisch geriebene Muskatnuss
30 g ital. Hartkäse (z. B. Montello)

—

Für 2 Personen
35 Min. Zubereitungszeit
Pro Portion ca. 400 kcal

1 Backofen auf 200° vorheizen. Zucchini waschen und putzen, kleinere längs halbieren, größere vierteln und jeweils in 7–8 mm dicke Scheiben schneiden. Die Zwiebel schälen, längs vierteln und in schmale Streifen schneiden. Thymian waschen und trocken schütteln, Blättchen abzupfen und fein hacken.

2 Das Öl in einer ofenfesten Pfanne (18–20 cm Ø) erhitzen. Zucchini und Zwiebel darin bei großer Hitze anbraten, bis sie leicht bräunen. Gegen Garzeitende Thymian unterrühren, leicht salzen und pfeffern.

3 Inzwischen Eier leicht verquirlen und mit Salz, Pfeffer und Muskatnuss würzen. Den Hartkäse fein reiben und unterrühren. Über die Zucchini-Zwiebel-Mischung gießen. Pfanne mit Alufolie abdecken und die Frittata im heißen Ofen (Mitte) ca. 15 Min. backen. Kurz abkühlen lassen, auf einen Teller stürzen und nochmals wenden. Dazu passt grüner Salat.

Mein Zaubertrick
für dieses Rezept

Perfekt – nämlich ohne unten anzusitzen und ohne mühsames Wenden – gart die Frittata, wenn sie mitsamt Pfanne in den Ofen wandert. Ihre rundum cremige Saftigkeit kommt durch die gleichmäßige Hitze. Also ist Ober-/Unterhitze angesagt, keine Umluft! Dabei die Alufolie zum Abdecken nicht vergessen.

Meine Zauberformel

für mehr Biss

Traditionell dient die toskanische Spezialität Panzanella der Resteverwertung. Weil dazu altbackenes, gewürfeltes Brot mit weiteren Zutaten und Dressing vermischt wird, kann das Ganze schnell pampig geraten. Der Trick dabei: Das Brot vorher kross rösten – so weicht es nicht durch und bleibt schön crunchig.

PANZANELLA – BROTSALAT

120 g italienisches Weißbrot (z. B. Ciabatta)
9 EL Olivenöl
1 große Aubergine
1 Knoblauchzehe
Salz | Pfeffer
1 Dose weiße Bohnen (240 g Abtropfgewicht, z. B. Cannellini-Bohnen)
1 kleine rote Zwiebel
200 g Kirschtomaten
1 kleines Bund Rucola
1 kleines Bund Basilikum
1 TL Honig
3 EL Rotweinessig
–
Für 2 Personen
25 Min. Zubereitungszeit
15 Min. Ruhen
Pro Portion ca. 700 kcal

1 Den Backofen auf 200° vorheizen. Das Weißbrot 2–3 cm groß würfeln, mit 1 ½ EL Olivenöl bepinseln, auf ein mit Backpapier ausgelegtes Blech legen und im heißen Ofen (Mitte) in 10–15 Min. knusprig rösten. Abkühlen lassen.

2 Inzwischen die Aubergine waschen, putzen und ca. 1,5 cm groß würfeln. Den Knoblauch schälen und grob würfeln. 3 EL Olivenöl in einer beschichteten Pfanne erhitzen, die Aubergine darin bei großer Hitze hellbraun anbraten. Den Knoblauch unterrühren, salzen und pfeffern. Bei kleiner bis mittlerer Hitze unter gelegentlichem Rühren fertig garen.

3 Währenddessen die Bohnen in ein Sieb abgießen, kalt abbrausen und abtropfen lassen. Die Zwiebel schälen und in feine Ringe schneiden. Die Tomaten halbieren, dabei den austretenden Saft auffangen, dann leicht salzen und pfeffern. Rucola und Basilikum waschen und trocken schütteln, die Blättchen abzupfen und grob zerkleinern.

4 Für das Dressing Honig, Essig, den aufgefangenen Tomatensaft, evtl. 1–3 EL Wasser (je nach Tomatensaftmenge) und das übrige Öl (4 ½ EL) kräftig verrühren, salzen und pfeffern. Mit Tomaten, Zwiebel, Bohnen und Aubergine mischen. Alles 5–10 Min. ziehen lassen. Brot, Rucola und Basilikum unterheben und den Brotsalat weitere 5 Min. ziehen lassen.

GNOCCHI MIT SALBEIBUTTER

500 g mehligkochende Kartoffeln
(etwa gleich groß)
Salz
125 g Pizzamehl (Tipo 00)
50 g Hartweizengrieß
1 Ei (S)
10 Salbeiblätter
50 g Butter

AUSSERDEM:
Mehl zum Arbeiten
ital. Hartkäse zum Bestreuen
(nach Belieben)
–
Für 2 Personen
40 Min. Zubereitungszeit
35 Min. Garen
Pro Portion ca. 695 kcal

1 Die Kartoffeln waschen und in ausreichend Salzwasser 20–25 Min. garen. Inzwischen den Backofen auf 120° vorheizen. Die Kartoffeln abgießen, kurz im Topf ausdampfen lassen, auf ein Backblech geben und im Ofen (Mitte) ca. 10 Min. trocknen lassen. Dann kurz auskühlen lassen, noch gut warm pellen und einzeln durch eine Kartoffelpresse möglichst flach nebeneinander auf eine Arbeitsfläche drücken.

Meine fantastische Idee

für den Vorrat

Damit sich der Aufwand für Gnocchi noch mehr lohnt, bereite ich mindestens die doppelte Rezeptmenge zu – denn Gnocchi lassen sich prima einfrieren! Dazu die gegarten Gnocchi gut abtropfen und auskühlen lassen. Damit sie nicht aneinanderkleben, auf einem Blech oder Tablett anfrieren lassen, dann in Gefrierbeutel füllen. Aufgetaut kurz in heißem Wasser erhitzen – fertig.

2 100 g Mehl, den Hartweizengrieß und ¼ TL Salz darüber verteilen. Das Ei verquirlen und mittig darübergießen. Alles vorsichtig und mit wenig Druck zu einem Teig zusammenfügen (nicht kneten). Ist der Teig zu feucht, das restliche Mehl (25 g) portionsweise unterarbeiten. Den Teig zu einer Kugel formen und halbieren. Jede Hälfte ohne Druck zu einer ca. 1,5 cm dicken Rolle formen und diese in ca. 2 cm lange Stücke schneiden. Bei Bedarf etwas nachformen und mit einer Gabel quer leicht flach drücken. Die fertigen Gnocchi auf ein leicht bemehltes Küchenbrett geben.

3 Inzwischen Salzwasser in einem großen Topf aufkochen lassen. Die Hitze reduzieren und die Gnocchi portionsweise ins leicht siedende Wasser geben. Jeweils 2–3 Min. darin garen, bis sie an die Oberfläche steigen. Mit einer Schaumkelle herausheben und in einem Sieb abtropfen lassen.

4 Die Salbeiblätter waschen, gut trocken tupfen und mit der Butter in eine Pfanne geben. Bei mittlerer Hitze schmelzen lassen, bis die Butter leicht bräunt. Die Gnocchi zugeben, darin schwenken und auf Teller verteilen. Nach Belieben Käse darüberreiben.

Volles Aroma

TYPISCH ITALIENISCH

GEHEIMNISSE DER ITALIENISCHEN KÜCHE

Einfache Gerichte, wenige Zutaten – und trotzdem ein fantastischer, weltberühmter Geschmack. Was steckt hinter dieser magischen Gleichung? Zum einen wird in der italienischen Küche höchsten Wert auf die Qualität der Produkte gelegt. Zum anderen helfen Know-how und ein paar Tricks, um das optimale Aroma aus den Zutaten herauszukitzeln. Dazu kommen im besten Fall eine Portion Freude und eine Prise Leidenschaft – dann ist auf dem Teller tutto bene.

JEDE MENGE UMAMI

Die spannende fünfte Geschmacksrichtung »umami« steht für wohlschmeckend, fleischig und herzhaft. Auch wenn diese Entdeckung aus Japan kommt, nutzt die italienische Küche von jeher Zutaten, die ebenfalls reichlich natürliches Glutamat enthalten – das ist der Stoff, aus dem Umami entsteht. Sardellen oder Parmesan, der mit tierischem Lab hergestellt wird, kommen für Vegetarier nicht in Frage, aber es bleibt genug Umami-Auswahl, z. B. Hart- und Blauschimmelkäse mit mikrobiellem Lab, Pilze, frische und vor allem getrocknete Tomaten. Auch in Zwiebeln, Möhren, Sellerie und Nüssen ist etwas Glutamat enthalten.

NUR VOM FEINSTEN – OLIVENÖL

Bei uns in Deutschland wird Olivenöl gerne nach Gebrauch ausgewählt: eines zum Kochen und ein anderes für rohe Gerichte wie Salat. In Italien kommt niemand auf diese Idee, höchstens aus Kostengründen. Dass diese Unterscheidung tatsächlich unnötig ist, entspricht neuen wissenschaftlichen Erkenntnissen. Die gesunden und aromagebenden, leicht bitteren Inhaltsstoffe des Olivenöls (»Polyphenole«) bleiben beim Erhitzen bis gut 180° erhalten. Es lohnt sich also auch beim Kochen, ein extra natives Olivenöl zu verwenden. Solange es nicht in der Pfanne raucht, ist alles in bester Ordnung!

RICHTIG ZUBEREITEN – KNOBLAUCH

Die Tomatensauce schmeckt nur nach Knoblauch, obwohl gerade mal eine Zehe drin ist? Dagegen munden die mit viel Knoblauch gekochten Gerichte in Italien nur dezent »parfümiert« – warum ist das so? Entscheidend ist dabei nicht das Wieviel, sondern das Wie. Der beim Knoblauch für Aroma und Geruch zuständige Inhaltsstoff »Allicin« wird nur in Mengen freigesetzt, wenn viele Pflanzenzellen zerstört werden, also beim Hacken oder Durchpressen. Wenn du Knoblauch dagegen nur grob würfelst, in Scheiben schneidest oder halbierst, hast du letztlich mehr Aroma – und keine unangenehme, aufdringliche Schärfe.

GESCHMORTE BOHNEN

2 Knoblauchzehen
3 Stängel Salbei
3 EL Olivenöl
100 ml Rotwein (ersatzweise
  50 ml Wasser)
1 Dose stückige Tomaten (400 g)
Salz | Pfeffer
2 Dosen weiße Bohnen
  (à 240 g Abtropfgewicht, z. B.
  Cannellini-Bohnen)
2 EL Butter
Zucker
–
Für 2 Personen
15 Min. Zubereitungszeit
35 Min. Garen
Pro Portion ca. 500 kcal

1 Knoblauch schälen und grob würfeln. Salbei waschen, trocken schütteln und etwa 8 große Blätter in breite Streifen schneiden. Olivenöl in einem Topf erhitzen, Knoblauch darin bei kleiner bis mittlerer Hitze langsam andünsten. Salbei zugeben und 1–2 Min. mitdünsten, bis er zu duften beginnt.

2 Nach Belieben mit Rotwein oder Wasser ablöschen. Die Flüssigkeit fast vollständig verkochen lassen, dann die Tomaten zugeben. Salzen, pfeffern und offen 15–20 Min. bei kleiner Hitze köcheln lassen.

3 Die Bohnen in ein Sieb abgießen, kalt abbrausen und abtropfen lassen. Unter die Tomatenmischung rühren und alles ca. 15 Min. zugedeckt bei kleiner Hitze weitergaren.

4 Kurz vor Garzeitende weitere 5–7 größere Salbeiblätter in grobe Streifen schneiden oder zerzupfen. Die Butter in einem Pfännchen schmelzen. Salbei darin bei mittlerer Hitze braten, bis er leicht bräunt und knusprig wird. Die Bohnen-Tomaten-Mischung mit Salz, Pfeffer und Zucker abschmecken. Die Hälfte der Salbeibutter unterrühren und kurz ziehen lassen. Die geschmorten Bohnen auf Teller verteilen und die übrige Salbeibutter darübergeben.

IT'S MAGIC!

Die wesentlichen Aromen von Salbei sind fettlöslich – sie entfalten sich beim Andünsten der frischen Blätter in Öl oder Butter. Beim Garen verlieren sie allerdings auch schnell wieder an Geschmack. Einfach gleich mehr nehmen? Das schmeckt oft herb, im schlimmsten Fall seifig. Die Zauberformel für volles Salbeiaroma lautet: eine kleine Menge Salbei mitgaren, und dazu kommt ein zweiter, in Butter gebratener Schwung. Das verstärkt den Frische-Kick und zaubert – leicht knusprig – ein texturelles Plus zu den weichen Bohnen.

SPAGHETTI CARBONARA MIT ZUCCHINI

250 g Spaghetti
Salz
300 g Zucchini
1 Knoblauchzehe
4 Zweige Thymian
100 g ital. Hartkäse (z. B. Montello)
4 sehr frische Eigelb
Pfeffer
5 EL Olivenöl
–
Für 2 Personen
25 Min. Zubereitungszeit
Pro Portion ca. 1040 kcal

IT'S MAGIC!

Diese Carbonara wird mit Zucchini anstelle von Speck zubereitet. Der Rest bleibt wie im Original, schlicht und genial einfach: Eier und Käse, reichlich Pfeffer – und ganz wichtig – keine Sahne. Schön cremig wird die Sauce allein durch das warme Nudelkochwasser: Es dickt das Eigelb leicht an und sorgt dafür, dass sich das Eigelb mit dem Käse verbindet. Das Wasser darf dabei nicht zu heiß sein, sonst gibt es Pasta mit gestocktem Rührei!

1 Die Spaghetti nach Packungsanweisung in Salzwasser bissfest garen. Inzwischen Zucchini waschen und putzen, zuerst längs in ca. 6 mm dicke Scheiben, dann quer in ca. 5 mm breite Stifte schneiden. Den Knoblauch schälen und grob würfeln. Thymian waschen und trocken schütteln, Blättchen abzupfen und klein hacken. Den Käse fein reiben, 60 g davon mithilfe einer Gabel mit den Eigelben zu einer dicken, möglichst gleichmäßigen Masse verrühren. Großzügig pfeffern und evtl. leicht salzen.

2 Das Olivenöl in einer beschichteten Pfanne erhitzen. Die Zucchini darin bei großer Hitze 3–5 Min. unter Rühren braten, dabei nach etwa der Hälfte der Zeit Thymian und Knoblauch unterrühren. Die Zucchini sollten bräunen, aber noch leicht Biss haben und keinesfalls zu weich werden. Salzen, pfeffern und bei Bedarf warm halten.

3 Inzwischen die Nudeln in ein Sieb abgießen und abtropfen lassen, dabei das Kochwasser auffangen. Dann ca. 125 ml warmes (nicht kochendes!) Nudelkochwasser mit der Eigelb-Mischung zu einer cremigen, leicht dickflüssigen Sauce verrühren.

4 Die Spaghetti zu den Zucchini geben, die Eigelb-Mischung darübergießen und alles bei kleinster Hitze vermengen. Mit Salz und Pfeffer abschmecken und mit dem übrigen Käse bestreuen.

Meine Zauberformel
für den Aroma-Kick

Zucchini sind nicht gerade Geschmacksbomben – als Ersatz für Speck, der in der klassischen Carbonara jede Menge herzhaften Umami-Geschmack liefert. Die perfekte vegetarische Alternative: 1–2 EL umamireiche Sojasauce unter die Eier-Käse-Masse rühren.

MALTAGLIATI MIT WALNUSS-SAUCE

Meine Zauberformel
für Nudelteig

Die Eigelbe machen den Teig schön dottergelb und verbinden sich ideal mit dem Gluten des Mehls. Anders als bei einer reinen Mehl-Wasser-Mischung macht dieses »Schmiermittel« den Teig auch ohne langes Kneten geschmeidig und elastisch. Dazu lässt er sich viel leichter von Hand ausrollen – ein idealer Einsteigerteig, der auch ohne Nudelmaschine wunderbar gelingt.

FÜR DIE PASTA:
150 g Pizzamehl (Tipo 00)
Salz
1 Ei
2 Eigelb
1 EL Olivenöl

FÜR DIE SAUCE:
20 g Weißbrot vom Vortag
100 ml Milch
80 g Walnusskerne
1 Knoblauchzehe
15 g Pinienkerne
3 EL Olivenöl
¼ TL getrockneter Majoran
20 g ital. Hartkäse (z. B. Montello)
Salz | Pfeffer
3 EL gehackte Petersilie
   (nach Belieben)

AUSSERDEM:
Mehl zum Arbeiten
–
Für 2 Personen
1 Std. 30 Min. Zubereitungszeit
Pro Portion ca. 990 kcal

1 Für den Nudelteig das Mehl mit ½ TL Salz vermischen. Eine Mulde in der Mitte formen und Ei, Eigelbe und Öl hineingeben. Alles von der Mitte aus mit einer Gabel unterarbeiten. Den groben, bröckeli-

gen Teig auf einer bemehlten Arbeitsfläche ca. 5 Min. kräftig mit den Händen durchkneten, bis er schön glatt und nicht zu fest ist. Zu einer Kugel formen und ca. 30 Min. in einer Plastikbox verschließen.

2 Inzwischen für die Walnuss-Sauce das Weißbrot grob zerzupfen, mit der Milch übergießen und einweichen lassen. Die Walnusskerne mit kochendem Wasser übergießen und ca. 5 Min. darin ziehen lassen. Danach in ein Sieb abgießen, kalt abbrausen und abtropfen lassen. Auf ein Geschirrtuch geben und die Nüsse kräftig darin rubbeln, sodass möglichst viel von den feinen Häutchen abgelöst wird.

3 Knoblauch schälen und klein schneiden, mit den Walnüssen und den Pinienkernen in einem Blitzhacker grob hacken. Dann das Weißbrot samt Milch, Olivenöl und Majoran kurz untermixen. Den Käse fein reiben, unterrühren und die Walnuss-Sauce mit Salz und Pfeffer abschmecken.

4 Den Nudelteig vierteln und die Viertel jeweils mit einer Nudelmaschine oder von Hand mit einem Teigroller auf einer leicht bemehlten Arbeitsfläche möglichst dünn ausrollen. Mit einem großen Messer zuerst in ca. 3 cm breite Streifen und diese dann in 4–5 cm lange Stücke schneiden (sie müssen nicht gleichmäßig sein). So verfahren, bis der Teig aufgebraucht ist.

5 Inzwischen ausreichend Salzwasser aufkochen. Die Nudeln darin nacheinander in zwei Portionen jeweils 5–6 Min. bei mittlerer Hitze al dente garen. In einem Sieb abtropfen lassen, dabei etwas Nudelwasser auffangen und 3–4 EL davon mit der Walnuss-Sauce verrühren. Die Maltagliati mit der Sauce mischen und nach Belieben mit der Petersilie bestreuen.

GANZ KLASSISCH

DINKELSALAT MIT PAPRIKA

120 g Dinkel
600 ml Gemüsebrühe
2 rote Paprika
120 g gelbe Kirschtomaten
1 Bund Rucola
1 kleines Bund Basilikum
1 TL Honig (ersatzweise Ahornsirup)
2 EL Aceto balsamico bianco
Salz | Pfeffer
3 EL Olivenöl
–
Für 2 Personen
12 Std. Quellen
35 Min. Zubereitungszeit
15 Min. Ruhen
Pro Portion ca. 435 kcal

1 Dinkelkörner in einer Schüssel mit kaltem Wasser übergießen und ca. 12 Std. (über Nacht) quellen lassen. Danach in ein Sieb abgießen und kalt abbrausen. Gemüsebrühe aufkochen und den Dinkel darin zugedeckt bei kleiner Hitze ca. 30 Min. garen. In ein Sieb abgießen und dabei die Brühe auffangen. Dinkel abtropfen und zumindest lauwarm abkühlen lassen.

2 Inzwischen den Backofen auf 250° vorheizen. Die Paprika waschen, längs vierteln, von Kernen und weißen Trennwänden befreien. Mit der Hautseite nach oben dicht an dicht auf ein mit Backpapier ausgelegtes Blech legen. Im heißen Ofen (oben) 25–30 Min. rösten, bis die Haut dicke schwarze Blasen wirft. Dann herausnehmen, in einer Schüssel aufeinanderlegen und mit einem feuchten Geschirrtuch abdecken. Lauwarm abkühlen lassen und die Haut mit einem spitzen Messer abziehen. Die Paprika in schmale Streifen schneiden.

3 Währenddessen Tomaten waschen und halbieren. Rucola und Basilikum waschen, trocken schütteln. Die Stiele grob wegschneiden und die Blätter nach Belieben kleiner schneiden. Für das Dressing den Honig mit dem Essig verrühren, salzen und pfeffern, dann das Öl unterschlagen. Mit Dinkel und Paprika mischen und ca. 15 Min. ziehen lassen. Dann Tomaten, Rucola und Basilikum unterheben und den Dinkelsalat mit Salz, Pfeffer und Essig abschmecken.

Meine Prise Magie
für warmen Genuss

Für ein warmes Essen einfach die gegarten Paprika und die Tomaten mit dem warmen Dinkel mischen, statt Dressing nur etwas Öl verwenden und alles mit geriebenem Käse bestreuen. Simsalabim!

Meine Zauberidee
für schnellen Dinkel

Dinkel gart unterschiedlich schnell und sollte Biss haben – also immer die Packungsanweisung beachten. Ratzfatz fertig ist geschliffener Perldinkel (»Dinkel wie Reis«), der ohne Einweichen in 20–25 Min. gart.

RIBOLLITA – TOSKANISCHE GEMÜSESUPPE

150 g Schwarzkohl (Cavolo nero)
150 g Wirsing
1 Möhre
1 Stange Staudensellerie
1 Zwiebel
2 Knoblauchzehen
5 Zweige Thymian
5 EL Olivenöl
75 ml Weißwein (ersatzweise Gemüsebrühe)
Salz
Pfeffer
200 g passierte Tomaten (Tetrapak)
500 ml Gemüsebrühe
1 Dose weiße Bohnen (400 g, z. B. Cannellini-Bohnen)
4 Scheiben italienisches Weißbrot

—

Für 2 Personen
25 Min. Zubereitungszeit
50 Min. Garen
Pro Portion ca. 720 kcal

1 Schwarzkohl und Wirsing waschen und putzen, dabei Strünke und dicke Stiele wegschneiden. Blätter quer in ca. 1 cm breite Streifen schneiden. Möhre und Staudensellerie waschen, putzen und klein würfeln. Zwiebel und 1 Knoblauchzehe schälen und grob würfeln. Thymian waschen und trocken schütteln, Blättchen abzupfen und grob hacken.

2 In einem Suppentopf 3 EL Olivenöl erhitzen. Zwiebel, Knoblauch, Möhre und Staudensellerie darin bei kleiner Hitze langsam andünsten, bis sie hell bräunen. Weißwein und die Hälfte Thymian unterrühren. Bei mittlerer bis großer Hitze offen fast alle Flüssigkeit verkochen lassen, salzen und pfeffern. Mit Tomaten und Brühe ablöschen, beide Kohlsorten zugeben. Zugedeckt bei kleiner Hitze ca. 40 Min. garen.

3 Die Bohnen in ein Sieb abgießen, dabei die Einweichflüssigkeit auffangen. Bohnen 5–10 Min. in der Suppe heiß werden lassen. Die übrige Knoblauchzehe schälen und halbieren. Die Brotscheiben im Toaster hellbraun rösten, mit dem Knoblauch einreiben und auf zwei Suppenteller verteilen.

4 Eine Schöpfkelle Suppe abnehmen und mit dem Pürierstab pürieren, wieder unter die Suppe rühren. Ist die Suppe zu dickflüssig, etwas Einweichflüssigkeit zugießen und heiß werden lassen. Die Gemüsesuppe mit dem übrigen Thymian, Salz und Pfeffer abschmecken. Über die Brotscheiben gießen und mit dem übrigen Olivenöl (2 EL) beträufeln.

IT'S MAGIC!

Warum schmeckt Kohl aufgewärmt noch besser? Alle Kohlsorten enthalten Glucosinolate, das sind Verbindungen aus Zucker und schwefelhaltigen Stoffen. Schon beim Zerkleinern werden sie freigesetzt, der Kohl schmeckt bitter und riecht schwefelig, typisch »kohlig« eben. Während des Kochens nehmen die Bitterstoffe beständig ab, und mehr Zucker wird freigesetzt. Beim Aufwärmen wiederholt sich dieser Prozess, und das Aroma wird noch feiner – also am besten gleich einen großen Topf Ribollita aufsetzen.

SIZILIANISCHES SCHMORGEMÜSE

1 weiße Zwiebel
1 Knoblauchzehe
10 grüne Oliven (in Salzlake, entsteint)
3 Stangen Staudensellerie
2 kleine Auberginen (ca. 350 g)
20 g Pinienkerne
6 EL Olivenöl
Salz | Pfeffer
1 TL Tomatenmark
20 g Kapern (in Salzlake)
250 g stückige Tomaten
1 TL Zucker
2 EL Weißweinessig
3 Stängel Basilikum

—

Für 2 Personen
30 Min. Zubereitungszeit
40 Min. Garen
Pro Portion ca. 465 kcal

IT'S MAGIC!

Für den kleinen Wow-Moment: Eine besonders harmonische Melange entsteht durch die Kombi dieses Gerichts mit dem nordafrikanischen Schmorgericht »Shakshuka«. Dazu drücke ich vier Mulden in das fast fertige Gemüse und lasse vier aufgeschlagene Eier hineingleiten. Leicht salzen, pfeffern und in den letzten 12–15 Min. zugedeckt stocken lassen.

1 Die Zwiebel schälen, längs halbieren und in schmale Streifen schneiden. Die Knoblauchzehe schälen und grob würfeln. Die Oliven in kleine Stückchen schneiden. Die Selleriestangen waschen und putzen, dann die Stangen in ca. 5 mm breite Stücke schneiden. Die Aubergine waschen, putzen und in ca. 2 cm große Würfel schneiden.

2 Die Pinienkerne in einer Pfanne ohne Fett goldbraun rösten, dann herausnehmen und abkühlen lassen. Das Olivenöl in der Pfanne erhitzen, die Aubergine darin bei mittlerer Hitze rundum hellbraun braten. Salzen, pfeffern, mit einem Schaumlöffel herausheben und beiseitestellen.

3 Zwiebel und Knoblauch im verbliebenen heißen Öl in der Pfanne bei mittlerer Hitze goldgelb dünsten. Sellerie zugeben und kurz mit andünsten, salzen und pfeffern. Das Tomatenmark unterrühren und kurz mitrösten. Dann Oliven, Kapern, Pinienkerne, stückige Tomaten und 2–3 EL Wasser unterrühren, salzen und pfeffern. Alles zugedeckt bei mittlerer Hitze 15–20 Min. garen.

4 Die Tomaten-Gemüse-Mischung mit Zucker und Essig würzen und ca. 10 Min. offen weitergaren. Die Aubergine unterrühren und alles zugedeckt weitere 10 Min. bei kleiner Hitze schmoren lassen.

5 Inzwischen Basilikum waschen und trocken schütteln, die Blättchen abzupfen und in Streifen schneiden. Das Schmorgemüse mit Salz, Pfeffer und Zucker abschmecken. Basilikum unterrühren und lauwarm servieren. Dazu passt Weißbrot, z. B. Ciabatta.

AUBERGINEN-PARMIGIANA

Meine Prise Magie
für puren Geschmack

Wie viele italienische Gerichte wird auch die Parmigiana nicht durch die Anzahl, sondern durch die Qualität ihrer Zutaten zum stimmigen Genuss. Gute Auberginen und reichlich qualitativ hochwertiges Olivenöl bringen hier das entscheidende Geschmacksplus. Erst im Öl können sich die fettlöslichen Aromen der sonst eher milden Auberginen voll entfalten.

1 Knoblauchzehe
150 ml Olivenöl
100 ml Weißwein (ersatzweise Wasser)
2 Dosen Tomaten (à 400 g)
⅓ TL getrockneter Oregano
Salz | Pfeffer
Zucker
800 g Auberginen (möglichst runde)
3 Kugeln (Büffel-)Mozzarella (ohne tierisches Lab; à 125 g)
1 kleines Bund Basilikum
60 g ital. Hartkäse (z. B. Montello)

–

Für 2 Personen
50 Min. Zubereitungszeit
40 Min. Backen
Pro Portion ca. 1480 kcal

1 Knoblauch schälen und grob würfeln. 3 EL Olivenöl in einem Topf erhitzen und den Knoblauch darin andünsten. Mit Weißwein ablöschen und die Flüssigkeit offen fast vollständig verkochen lassen. Die Dosentomaten grob zerschneiden und samt Flüssigkeit zugeben. Mit Oregano, Salz und Pfeffer würzen und die Sauce 30–40 Min. offen bei kleiner Hitze köcheln lassen, dabei gelegentlich umrühren. Mit Salz, Pfeffer und 2 Prisen Zucker abschmecken.

2 Inzwischen die Auberginen waschen und putzen. Lange Auberginen längs in ca. 1 cm dicke Scheiben schneiden, runde quer. Salzen und ca. 20 Min. in einem Sieb ziehen lassen. Danach kalt abbrausen und trocken tupfen. In einer Pfanne 4–5 mm hoch Olivenöl erhitzen. Die Auberginen darin portionsweise nebeneinander bei mittlerer Hitze braten, bis sie leicht bräunen. Herausnehmen und auf Küchenpapier abtropfen lassen, leicht salzen und pfeffern.

3 Währenddessen den Backofen auf 180° vorheizen. Mozzarella trocken tupfen und klein würfeln. Basilikum waschen und trocken schütteln, die Blättchen abzupfen und in Streifen schneiden. Eine ofenfeste Form mit etwas Tomatensauce ausstreichen, darauf dicht an dicht eine Schicht Auberginenscheiben legen. Darüber jeweils eine Lage Tomatensauce, etwas Mozzarella, Basilikum und wieder Aubergine geben, bis alle Zutaten aufgebraucht sind, dabei mit Tomatensauce enden. Den Hartkäse fein reiben und darüberstreuen. Den Auberginenauflauf im heißen Ofen (Mitte) 35–40 Min. garen. Herausnehmen und kurz ruhen lassen. Dazu passt frisches Weißbrot.

CRESPELLE MIT SPINATFÜLLUNG

250 g TK-Blattspinat
1 Zwiebel
3 EL Butter
125 g Mehl (Type 405 oder 550)
2 Eier (M)
Salz
250 ml Milch
Pflanzenöl zum Braten
70 g ital. Hartkäse (z. B. Montello)
200 g Ricotta
Pfeffer
frisch geriebene Muskatnuss
2 EL Semmelbrösel

–

Für 2 Personen
40 Min. Zubereitungszeit
30 Min. Ruhen
25 Min. Backen
Pro Portion ca. 920 kcal

IT'S MAGIC!

Rühren und Ruhen: Das sind hier die Zauberworte. Am besten rührst du nur kurz, dafür aber kräftig mit einem Schneebesen oder Handrührgerät. Dann dem Teig beim Ruhen genug Zeit lassen. Beides aktiviert die Bildung von Gluten. Dessen Eiweißmoleküle bilden Stränge, die sich zu langen Ketten verbinden – und so für wunderbar fluffige Crespelle sorgen.

1 Den Spinat auftauen lassen. Danach die Zwiebel schälen und fein würfeln. ½ EL Butter in einem Topf schmelzen, Zwiebel darin langsam bei mittlerer Hitze goldgelb dünsten. Spinat zugeben und bei mittlerer bis großer Hitze offen dünsten, bis die gesamte Flüssigkeit verdampft ist. Abkühlen lassen.

2 Inzwischen das Mehl mit den Eiern und ¼ TL Salz mithilfe eines Schneebesens verrühren. Die Milch untermengen, bis ein glatter und klümpchenfreier Teig entstanden ist. 2 EL Butter schmelzen (nach

Wunsch leicht bräunen lassen) und unter den Teig mengen. Zugedeckt ca. 30 Min. quellen lassen.

3 Eine beschichtete Pfanne mit Öl ausstreichen. Eine Schöpfkelle Teig hineingeben und einen dünnen Pfannkuchen ausbacken. Auf diese Weise den gesamten Teig verarbeiten.

4 Den Backofen auf 200° vorheizen. Den Käse fein reiben, 3 EL davon mit dem Ricotta unter den Spinat mengen. Kräftig mit Salz, Pfeffer und Muskatnuss würzen. Von der Spinatmischung jeweils mittig einen Streifen auf den Pfannkuchen verteilen und den Pfannkuchen aufrollen. Eine ofenfeste Form mit der restlichen Butter (½ EL) auspinseln und die Rollen dicht an dicht mit der Naht nach unten hineinlegen. Den restlichen Käse mit den Semmelbröseln mischen und darüberstreuen. Die Crespelle im heißen Ofen (Mitte) in 20–25 Min. goldbraun backen.

Meine Zauberformel
für zarten Schmelz

Die Kombi von leicht herbem Spinat und cremig-mildem Ricotta schmeichelt unserem Gaumen – und sogar unseren Zähnen. Die können sich nach dem Genuss von Spinat pelzig und rau anfühlen, weil die enthaltene Oxalsäure den Zahnschmelz angreift. Kalzium dagegen steckt in Käse, z. B. in Ricotta: Es bindet die Oxalsäure und macht sie für unsere Zähne unschädlich.

POLENTA MIT PILZEN

Salz
125 g Polenta (Maisgrieß)
20 g ital. Hartkäse (z. B. Montello)
4 EL Butter
Pfeffer
400 g gemischte Pilze (z. B. Kräuterseitlinge und Champignons)
2 Schalotten
1 Knoblauchzehe
1 kleiner Zweig Rosmarin
1 Chilischote (Peperoncino)
3 EL Olivenöl
5 Stängel Petersilie

—

Für 2 Personen
30 Min. Zubereitungszeit
Pro Portion ca. 675 kcal

1 Für die Polenta 500 ml Salzwasser aufkochen. Den Maisgrieß nach und nach unter ständigem Rühren mit einem Kochlöffel einrieseln lassen. Bei kleinster Hitze nach Packungsanweisung in 15–20 Min. zugedeckt ausquellen lassen, dabei ab und zu umrühren. Den Käse fein reiben, mit 2 EL Butter unterrühren und die Polenta mit Salz und Pfeffer abschmecken.

2 Inzwischen die Pilze putzen, bei Bedarf sauber reiben und je nach Größe halbieren, vierteln oder in dicke Scheiben schneiden. Schalotten und Knoblauch schälen und grob würfeln. Rosmarin waschen und trocken schütteln, Nadeln abzupfen und fein hacken. Chilischote waschen, halbieren, von Kernen und weißen Trennwänden befreien und fein würfeln.

3 Olivenöl in einer beschichteten Pfanne erhitzen, Zwiebeln und Knoblauch darin langsam bei kleiner bis mittlerer Hitze goldgelb dünsten. Pilze, Chili und Rosmarin zugeben und bei großer Hitze 2–3 Min. unter Rühren braten. Die Hitze reduzieren, 2 EL Butter und nach Bedarf 1–3 EL Wasser unterrühren. Bei kleiner Hitze in 3–5 Min. fertig garen.

4 Währenddessen Petersilie waschen und trocken schütteln. Die Blättchen abzupfen, grob zerschneiden und unter die Pilzmischung heben. Die Polenta auf Teller verteilen und die Pilze daraufgeben.

Meine Zauberformel
für dieses Rezept

Die Magie beim Essen lebt von spannenden Kontrasten. Bei der Polenta mit Pilzen sind meine gewissen Extras für Aroma und Textur eine herbe und eine knackige Komponente – ich rühre etwas klein geschnittenen Rucola unter die fertigen Pilze und streue geröstete Pinienkerne darüber.

MALFATTI – SPINAT-KÄSE-NOCKEN

300 g Blattspinat
1 Zwiebel
50 g Butter
100 g ital. Hartkäse (z. B. Montello)
125 g Ricotta
1 Ei
1 Eigelb
Salz | Pfeffer
frisch geriebene Muskatnuss
100 g Mehl (Type 405 oder 550)
–
Für 2 Personen
50 Min. Zubereitungszeit
Pro Portion ca. 780 kcal

1 Den Spinat verlesen und putzen, waschen, leicht trocken schütteln und bündelweise kleiner schneiden. Die Zwiebel schälen und fein würfeln. 2 EL Butter in einem großen Topf zerlassen und die Zwiebel darin langsam goldgelb dünsten.

2 Den Spinat zugeben und bei großer Hitze unter Rühren zusammenfallen lassen. In ein Sieb geben, abtropfen und abkühlen lassen. Anschließend gut ausdrücken und evtl. nochmals kleiner hacken.

3 Die Hälfte des Hartkäses (50 g) fein reiben. Mit Ricotta und Spinat verrühren, dann Ei und Eigelb unterarbeiten. Kräftig mit Salz, Pfeffer und Muskatnuss würzen. Dann das Mehl nach und nach unterrühren, bis ein gleichmäßiger Teig entstanden ist. Daraus mithilfe von zwei Esslöffeln Nocken abstechen und diese bei Bedarf von Hand leicht nachformen.

4 Inzwischen in einem großen Topf 2 l Salzwasser aufkochen lassen. Die Temperatur reduzieren und die Nocken hineingeben. Bei mittlerer Hitze im leicht siedenden Salzwasser gar ziehen lassen. Die Nocken sind fertig, sobald sie aufsteigen und an der Oberfläche schwimmen. Dann mit einem Schaumlöffel herausheben und in ein Sieb geben.

5 Die übrige Butter in einem Pfännchen schmelzen und leicht bräunen lassen. Die Spinat-Käse-Nocken auf Teller verteilen und mit der Butter übergießen. Den übrigen Käse (50 g) darüberhobeln.

IT'S MAGIC!

Malfatti heißt übersetzt »die Schlechtgemachten«. Dieser unschöne Name kommt von der meist ungleichmäßigen Form der Nocken, häufig fallen sie auch noch auseinander. Dagegen helfen meine Zaubertricks: Den Spinat gut ausdrücken – fühlt sich die Teigmasse trotzdem zu feucht an, noch etwas mehr Mehl unterarbeiten. Dabei aber nicht stark kneten, sonst werden die Klößchen nicht schön locker. Und: Das Wasser soll beim Garen nur ganz sanft köcheln. So heißt es am Ende garantiert »ben fatto« und »buon appetito«!

IT'S MAGIC!

Warum machen sich italienische Nonnas immer noch die Mühe, Pesto im Mörser zu zerstoßen, wo es doch heute Pürierstäbe und Blitzhacker gibt? Sie wissen aus Erfahrung, was sich physikalisch erklären lässt. Beim mechanischen Zerkleinern werden die Pflanzenzellen von Basilikum und Knoblauch völlig zerfetzt, dabei werden deutlich mehr Bitterstoffe freigesetzt. Und: Sämtliche Aromastoffe haben viel weniger Zeit, um sich mit dem Öl zu verbinden. Gemixtes Pesto schmeckt also weniger aromatisch und deutlich bitterer. Du hast es aber eilig? Dann alles kurz und stoßweise, aber nicht vollständig pürieren.

LINGUINE AUF LIGURISCHE ART

FÜR DAS PESTO:
30 g Pinienkerne
80 g Basilikum
2 Knoblauchzehen
80 g ital. Hartkäse (z. B. Montello)
80 ml natives Olivenöl
Salz | Pfeffer
1 EL Hefeflocken

FÜR DIE PASTA:
1 festkochende Kartoffel (ca. 100 g)
50 g grüne Bohnen
150 g Linguine (ersatzweise Trenette)
Salz | Pfeffer

AUSSERDEM:
1 großer Mörser
ital. Hartkäse zum Bestreuen (nach Belieben)

—

Für 2 Personen
40 Min. Zubereitungszeit
Pro Portion ca. 940 kcal

1 Für das Pesto die Pinienkerne in einer Pfanne ohne Fett goldgelb rösten, herausnehmen und abkühlen lassen. Inzwischen Basilikum waschen und trocken schütteln, Blättchen abzupfen und mit einem sauberen Geschirrtuch gründlich trocken tupfen.

2 Die Knoblauchzehen schälen, grob zerschneiden und in einem großen Mörser zerstoßen. Erst zwei Drittel der Pinienkerne, dann das Basilikum zugeben und ebenfalls zermusen. Dabei die Masse immer wieder mit einem Löffel vom Boden kratzen und unterrühren. Den Hartkäse in grobe Stücke brechen und ebenfalls mit dem Mörser nach Geschmack mehr oder weniger stark zerdrücken. Zuletzt das Olivenöl mit dem Mörser unterarbeiten. Das Pesto mit Salz, Pfeffer und Hefeflocken würzen.

3 Für die Pasta die Kartoffel schälen, abbrausen und in knapp 1 cm große Würfel schneiden. Die Bohnen waschen, putzen und je nach Größe quer halbieren oder dritteln. Salzwasser zum Kochen bringen. Die Nudeln nach Packungsanweisung bissfest darin garen, währenddessen 7–8 Min. vor Garzeitende Kartoffeln und Bohnen zugeben und mitgaren. Dann alles in ein Sieb abgießen und abtropfen lassen, dabei das Kochwasser auffangen.

4 Nach Belieben den Hartkäse fein reiben. Pro Portion 3 EL Pesto mit 3–4 EL Nudelkochwasser verrühren. Gründlich unter Pasta, Bohnen und Kartoffeln mengen. Mit den übrigen Pinienkernen und Pfeffer bestreuen. Den geriebenen Käse dazu servieren.

Eine runde (Geschmacks-)Sache

TOMATEN

DA STECKT VIEL DRIN

Pasta, Pizza, Sugo – ohne Tomaten geht in der italienischen Küche gar nichts. Kein Wunder: Kaum ein anderes Gemüse versteht es, unsere Geschmacksknospen in derart komplexer Weise herauszufordern und zu verwöhnen. Und wie in kaum einem anderen Land wird in Italien die Kunst beherrscht, einen vollen, »runden« Geschmack optimal herauszukitzeln – und mit Kontrasten zum Ausgleich zu bringen.

WUNDERBARE SÜSSE

Reife Tomaten sind süß. Einige Sorten, z. B. Kirschtomaten, besitzen von Natur aus einen höheren Zuckergehalt, schmecken also süßer als andere. Ansonsten ist der »Brix-Wert« entscheidend, der das Verhältnis vom enthaltenen Zucker zum Wasser angibt. Dieser Wert verschiebt sich durch langes Reifen unter freier Sonne zugunsten des Zuckers. Oder aber durch Kochen und das dabei verdampfende Wasser: Ein lange gekochter Sugo schmeckt süßer und voller. Als kleine Zaubertricks helfen eine Prise Zucker oder etwas Honig in Sauce oder Salatdressing, um die entscheidende süße Komponente zu verstärken.

PERFEKTE BALANCE

Je nach Sorte und Reife enthalten Tomaten außerdem mehr oder weniger Säure – auch damit lässt sich zaubern. Typische Zutaten einer Tomatensauce wie Aceto balsamico, ein Spritzer Zitronensaft oder trockener Weißwein unterstreichen die leichte, anregende Säure. Als magisches Gegengewicht balancierst du damit die Süße aus. Kommen dann noch zarte Bitternoten in Form von Oliven oder Olivenöl und eine gute Prise (Meer-)Salz dazu, sind die fünf Geschmacksrichtungen – mit süß, sauer, bitter und salzig – fast komplett.

GESCHMACKSBOMBE

Durch natürliches Glutamat besitzen Tomaten auch die begehrte fünfte Geschmacksrichtung umami, die für vollmundig, fleischig und herzhaft steht. Je weniger Wasser sie enthalten, desto mehr Umami (und Süße) stecken darin. Das kannst du auch bei getrockneten Tomaten schmecken. Für uns Küchenmagier bedeutet das: die Früchte möglichst lange einkochen, auch in Form von Tomatenmark – dann ist ihr Aroma noch intensiver. Traditionelle Namen wie Goldapfel oder Paradeiser zeigen unsere Liebe zu dieser Geschmacksbombe. Für Vegetarier ist sie noch dazu ein idealer pflanzlicher »Ersatz« für Fleischgeschmack.

MANGOLDKUCHEN MIT REIS

FÜR DEN TEIG:
300 g Mehl
Salz
3 EL Olivenöl

FÜR DIE FÜLLUNG:
Salz
100 g Risotto-Reis (z. B. Arborio)
500 g Zucchini
400 g junge Mangoldblätter (ersatzweise das Grün normaler Blätter)
2 Zwiebeln
5 EL Olivenöl
Pfeffer
1 Bund frische Kräuter (z. B. Petersilie, Borretsch und Estragon)
70 g ital. Hartkäse (z. B. Montello)
2 Eier
frisch geriebene Muskatnuss

AUSSERDEM:
Mehl für die Arbeitsfläche
Olivenöl zum Bestreichen
1 Springform (ca. 26 cm Ø)

–

Für 12 Stücke
40 Min. Zubereitungszeit
30 Min. Ruhen
40 Min. Backen
Pro Stück ca. 250 kcal

1 Für den Teig Mehl und ½ TL Salz vermischen. 100 ml warmes Wasser mit dem Öl mischen, nach und nach unter die Mehlmischung rühren. Alles gründlich verkneten, dabei weitere 2–5 EL Wasser unterarbeiten, bis ein glatter, geschmeidiger Teig entstanden ist. Zu einer Kugel formen und in einer Plastikbox ca. 30 Min. in den Kühlschrank stellen.

2 Für die Füllung 220 ml Salzwasser aufkochen, Reis hineingeben. Einmal aufkochen lassen und zugedeckt nach Packungsanweisung ca. 25 Min. bei kleiner Hitze garen, dann offen abkühlen lassen. Inzwischen Zucchini waschen, putzen, längs vierteln und quer in ca. 1 cm dicke Stücke schneiden. Mangold waschen, kleiner schneiden und trocken schleudern. Zwiebeln schälen und klein würfeln.

3 In einer beschichteten Pfanne 3 EL Öl erhitzen. Zucchini darin bei großer Hitze unter Rühren leicht braun braten. In ein Sieb geben, abtropfen lassen. 2 EL Öl in die Pfanne geben, Zwiebeln goldgelb darin dünsten. Mangold zugeben, unter Rühren zusammenfallen lassen, salzen und pfeffern. Leicht abkühlen lassen. Kräuter waschen, trocken schütteln und grob zerschneiden. Den Käse fein reiben.

4 Den Backofen auf 200° vorheizen. Eine Springform mit wenig Öl auspinseln. Etwas mehr als die Hälfte Teig auf wenig Mehl dünn ausrollen, Boden und Rand der Springform damit auslegen. Den Boden mehrmals mit einer Gabel einstechen.

5 Die Mangold-Zwiebel-Mischung, Reis, Zucchini, Kräuter, Eier und Käse gründlich vermengen. Mit Salz, Pfeffer und Muskatnuss würzen. Auf dem Teigboden verteilen und glatt streichen. Den übrigen Teig ausrollen, mehrmals mit einer Gabel einstechen und als Deckel auf den Kuchen legen. Teigboden und -deckel an den Rändern zusammendrücken, den Teigdeckel mit Öl bepinseln. Den Mangoldkuchen im heißen Ofen (Mitte) in ca. 40 Min. goldbraun backen. Herausnehmen und lauwarm abkühlen lassen.

Mein Zaubertrick
für geschmeidigen Teig

Wie bei einem Strudel- oder Quicheteig mische ich bei diesem Kuchen noch 1 EL Essig mit dem Wasser unter das Mehl. Die Säure erhöht die Bildung von Gluten – der Teig wird elastischer, geschmeidiger und lässt sich besser verarbeiten.

GANZ KREATIV
___

FRITTIERTE ZUCCHINI-BLÜTEN AUF ERBSENPÜREE

100 g Mehl (Type 405 oder 550)
100 ml Weißwein
1 Ei (M)
2 EL fein geriebener ital. Hartkäse (z. B. Montello)
1 EL Olivenöl
8 Zucchiniblüten
1 Schalotte
2 EL Butter
400 g TK-Erbsen
500 ml Gemüsebrühe
Salz | Pfeffer
2 Stängel Minze
1,2 l Öl zum Frittieren
frisch geriebene Muskatnuss
Zitronensaft
–
Für 2 Personen
35 Min. Zubereitungszeit
30 Min. Ruhen
Pro Portion ca. 1010 kcal

1 Für den Ausbackteig Mehl, Wein und 100 ml kaltes Wasser verrühren. Das Ei trennen. Eigelb, Käse und Olivenöl unter die Mehlmischung rühren und ca. 30 Min. zugedeckt quellen lassen. Inzwischen Zucchiniblüten vorsichtig abbrausen, gut trocken tupfen, oben leicht auseinanderdrücken und die Blütenstempel innen wegschneiden.

2 Für das Erbsenpüree Schalotte schälen und fein würfeln. 1 EL Butter in einem Topf zerlassen, Schalotte darin goldgelb andünsten. Gefrorene Erbsen zugeben und kurz durchrühren. Brühe zugießen, leicht salzen und pfeffern. Aufkochen lassen und zugedeckt bei mittlerer Hitze ca. 5 Min. garen.

3 Währenddessen Minze waschen, trocken schütteln, Blättchen abzupfen und in Streifen schneiden. Frittieröl in Topf oder Fritteuse auf ca. 180° erhitzen. Eiweiß und 1 Prise Salz mit den Rührbesen eines Handrührgeräts steif schlagen und unter den Ausbackteig heben. Die Blüten nacheinander einzeln durch den Teig ziehen, leicht abtropfen lassen und portionsweise im heißen Öl goldbraun frittieren. Herausnehmen, auf Küchenpapier abtropfen lassen.

4 Inzwischen Erbsen abgießen, Brühe dabei auffangen. Erbsen mit 1 EL Butter und der Hälfte Minze cremig pürieren, dabei Brühe zugießen (Menge nach Wunsch). Mit Salz, Pfeffer, Muskatnuss und 1–2 Spritzern Zitronensaft würzen. Auf Tellern mit übriger Minze bestreuen. Zucchiniblüten darauf servieren.

Meine Zauberformel

für spannende Texturen

Cremiges Erbsenpüree trifft auf kross frittierte Zucchiniblüten: Gegensätze ziehen sich an. Für einen richtig knusprigen Teig nicht zu viele Blüten auf einmal in das heiße Öl geben – sonst kühlt es zu sehr ab und der Teig bleibt weich und labbrig. Keine Fritteuse? Das Öl ist heiß genug, wenn ein Teigtropfen stark sprudelnd darin aufsteigt.

BROKKOLI-PASTA MIT MANDEL-PANGRATTATO

1 Brokkoli (ca. 300 g)
Salz
250 g Casarecce (ersatzweise Fusilli)
2 Knoblauchzehen
1 lange Chilischote (Peperoncino)
5 Stängel Petersilie
1 TL Kapern (in Salzlake)
4 EL Mandelblättchen
5 EL Olivenöl
3 EL Semmelbrösel
Salz | Pfeffer
Zitronensaft

AUSSERDEM:
ital. Hartkäse (z. B. Montello) zum Bestreuen
–
Für 2 Personen
25 Min. Zubereitungszeit
Pro Portion ca. 890 kcal

1 Brokkoli waschen, putzen und in kleine mundgerechte Röschen teilen. Strunk schälen und klein würfeln. Beides in Salzwasser bei mittlerer Hitze 4–5 Min. garen. Dann ein paar Röschen herausnehmen, den Rest in 4–5 Min. weich garen. Abgießen und abtropfen lassen, dabei das Kochwasser auffangen.

2 Inzwischen die Nudeln nach Packungsanweisung in Salzwasser garen, in ein Sieb abgießen und abtropfen lassen. Knoblauch schälen und grob würfeln. Chilischote waschen, halbieren, von weißen Trennwänden und Kernen befreien, fein würfeln. Petersilie waschen, trocken schütteln und mitsamt Stielen fein zerschneiden. Die Kapern grob hacken.

3 Mandelblättchen kleiner hacken oder von Hand zerbröseln. 3 EL Olivenöl in einer beschichteten Pfanne erhitzen, darin die Hälfte Knoblauch mit Chili, Mandeln und Semmelbröseln unter Rühren bei mittlerer Hitze rösten, bis die Semmelbrösel gebräunt sind. Dann aus der Pfanne nehmen.

4 Pfanne sauber wischen, 2 EL Öl darin erhitzen. Übrigen Knoblauch darin andünsten. Inzwischen den weich gegarten Brokkoli mit Petersilie und wenig Kochwasser pürieren. In die Pfanne geben, mit Salz, Pfeffer und 1–2 Spritzern Zitronensaft würzen. Übrige Röschen und Kapern zugeben, alles heiß werden lassen. Nudeln gründlich untermischen, alles kurz ziehen lassen. Auf Teller verteilen, mit dem Mandel-Pangrattato bestreuen. Käse dazu reichen.

Meine fantastische Idee

für mehr Italien

Wer fündig wird, probiert »Cime di Rapa«, wilder Brokkoli genannt: Er schmeckt intensiv, zartbitter und leicht scharf. Hier belässt du alle Röschen ganz und pürierst die blanchierten Blätter.

Meine Prise Magie

für dieses Rezept

Geröstete, mit Knoblauch oder Kräutern verfeinerte Semmelbrösel sind ein tolles Topping, das zu vielen Pasta-Gerichten passt. Mit Mandelblättchen wird es noch feiner, Chili sorgt für den pikanten Kick.

Meine Zauberformel

für mehr Exotik

Spannend wird dieser Risotto durch das leicht bittere Aroma des Radicchio, das durch die fruchtig-süßen Birnen ausgeglichen und gleichzeitig betont wird. Noch mehr Exotik? Dann die Birnen mit 1 knappen TL fein gehacktem Ingwer anbraten – die perfekte Italia-Asia-Connection.

RADICCHIO-RISOTTO MIT BIRNE

2 Schalotten
500 ml Gemüsebrühe
70 g Butter
160 g Risotto-Reis (z. B. Arborio)
50 ml Weißwein (ersatzweise Brühe)
Salz | Pfeffer
3 EL Walnusskerne
200 g Radicchio
1 kleine feste Birne
1 EL Honig
1 Zweig Thymian
2 EL Olivenöl
½ TL Zucker
1 EL Aceto balsamico bianco
–
Für 2 Personen
35 Min. Zubereitungszeit
Pro Portion ca. 900 kcal

1 Die Schalotten schälen und klein würfeln. Die Gemüsebrühe erhitzen und warm halten. 50 g Butter in einem Topf schmelzen, die Schalotten darin goldgelb dünsten. Den Reis unter Rühren 1–2 Min. mitdünsten. Mit Wein ablöschen und diesen vollständig verkochen lassen. Dann 1–2 Schöpfkellen heiße Brühe unterrühren, sodass der Reis eben bedeckt ist. Offen einkochen lassen, wieder 1–2 Kellen Brühe zugießen und so ca. 20 Min. fortfahren, bis die Brühe aufgebraucht ist. Salzen und pfeffern.

2 Inzwischen die Walnüsse in einer Pfanne ohne Fett rösten, abkühlen lassen und grob hacken. Radicchio waschen, putzen und quer in ca. 1 cm breite Streifen schneiden. Birne waschen, vierteln, vom Kerngehäuse befreien und längs in dünne Spalten schneiden. Die übrige Butter (20 g) in einem Pfännchen zerlassen. Birne zugeben, mit Honig beträufeln und bei mittlerer Hitze 3–4 Min. braten. Währenddessen Thymian waschen, trocken schütteln, Blättchen abzupfen und grob hacken. Gegen Garzeitende unterrühren, leicht salzen und alles herausnehmen.

3 Die Pfanne auswischen und das Öl darin erhitzen. Den Radicchio zugeben, mit Zucker bestreuen und unter Rühren bei großer Hitze zusammenfallen lassen. Mit Essig ablöschen und weiterrühren, bis der Essiggeruch verflogen ist, salzen und pfeffern. Zwei Drittel Radicchio unter den Risotto mischen. Auf Teller verteilen und den übrigen Radicchio, die Birnen samt Sud und die Walnüsse darübergeben.

PENNE MIT SCHMORTOMATEN-PESTO

30 g Petersilie
1 Knoblauchzehe
1 EL Pinienkerne
5 EL Olivenöl
6 schwarze Oliven (entsteint)
3 EL fein geriebener ital. Hartkäse (z. B. Montello)
½ TL abgeriebene Bio-Orangenschale
3 Msp. Chiliflocken
Salz | Pfeffer
8 kleine Eiertomaten (ca. 350 g)
250 g Penne

AUSSERDEM:
ital. Hartkäse (z. B. Montello) zum Bestreuen

Für 2 Personen
25 Min. Zubereitungszeit
40 Min Garen
Pro Portion ca. 900 kcal

1 Für das Pesto die Petersilie waschen und gründlich trocken schütteln, die Blättchen und zarten Stiele grob zerschneiden. Den Knoblauch schälen und grob würfeln. Mit Petersilie, Pinienkernen und 4 EL Öl möglichst nur kurz und stoßweise fein pürieren. Die Oliven fein hacken und mit dem Käse unter das Pesto rühren. Mit Orangenschale, Chiliflocken, Salz und Pfeffer pikant würzen.

2 Den Backofen auf 160° vorheizen. Die Tomaten waschen, längs halbieren und die Kerne mit einem Löffel entfernen. Das Pesto in die Tomaten füllen. Eine möglichst passende ofenfeste Form mit dem übrigen Öl (1 EL) ausstreichen. Tomaten dicht an dicht mit der Füllung nach oben hineinlegen. Im heißen Ofen (Mitte) ca. 40 Min. garen.

3 Inzwischen Penne nach Packungsanweisung in Salzwasser al dente garen, in ein Sieb abgießen und abtropfen lassen. Kurz vor dem Abschütten der Nudeln die Tomaten aus dem Ofen nehmen, das Pesto herauslösen und die Tomatenhälften quer halbieren. Pesto, Tomaten und Garsud gleich mit den Nudeln mischen. Mit Käse zum Bestreuen servieren.

Meine fantastische Idee

für Tomaten-Genuss

Gerade im Sommer liebe ich »Pasta cruda« mit Tomaten, Mozzarella und Basilikum – alles roh. Weil die Tomaten aus dem Supermarkt aber nicht immer süß und aromatisch sind, kam mir diese Rezeptidee. Dabei verbinden sich die Röstaromen von Tomaten und Pesto auf wunderbar »tomatige« und würzige Weise.

GRÜNKOHL-RICOTTA-PIZZA

FÜR DEN TEIG:
7 g frische Hefe
Zucker
150 g Pizzamehl (Tipo 00)
200 g Mehl (Type 405 oder 550)
Salz
3 EL Olivenöl

FÜR DEN BELAG:
300 g Grünkohl (ersatzweise Blattspinat)
1 Knoblauchzehe
3 EL Olivenöl
Salz / Pfeffer
1 rote Spitzpaprika
200 g Tomatensugo (selbst gemacht oder aus dem Glas)
250 g Ricotta
25 g Butter
¾ TL edelsüßes Paprikapulver

AUSSERDEM:
Mehl zum Arbeiten

–

Für 2 Personen
50 Min. Zubereitungszeit
27 Std. 15 Min. Ruhen
15 Min. Backen pro Blech
Pro Portion ca. 1290 kcal

1 Für den Teig die Hefe zerbröckeln, mit ⅓ TL Zucker und 100 ml lauwarmem Wasser verrühren, ca. 10 Min. zugedeckt ruhen lassen. Beide Mehlsorten mit 1 knappen TL Salz mischen, Hefemischung zugießen. 100 ml lauwarmes Wasser mit Öl vermischen, ebenfalls zugießen. Mit den Knethaken eines Handrührgeräts oder einer Küchenmaschine kneten, bis sich alles verbunden hat. Dann auf höchster Stufe in 4–6 Min. zu einem leicht klebrigen Teig weiterkneten. Bei Bedarf noch ca. 25 ml Wasser untermengen.

2 Den Teig ca. 1 Std. zugedeckt bei Raumtemperatur ruhen lassen. Dann auf einer bemehlten Arbeitsfläche mit den Fingern breit drücken, dehnen, wieder zusammenlegen und erneut breit drücken – diesen Vorgang drei- bis viermal wiederholen. Teig nochmals ca. 1 Std. ruhen lassen, bis er sich fast verdoppelt hat. In einer bemehlten Plastikbox verschließen und 8–24 Std. (über Nacht) im Kühlschrank ruhen lassen. Vor dem Verarbeiten herausnehmen und in ca. 1 Std. Raumtemperatur annehmen lassen.

3 Für den Belag den Grünkohl waschen, Blätter in mundgerechten Stücken von den Stielen zupfen (ersatzweise Blattspinat waschen und von dicken Stielen befreien). Knoblauch schälen und grob würfeln. Öl in einer beschichteten Pfanne erhitzen, Knoblauch darin andünsten. Grünkohl zugeben, unter Rühren bei großer Hitze zusammenfallen lassen. Salzen, pfeffern, mit 3–6 EL Wasser ablöschen und bei mittlerer Hitze offen dünsten, bis die Flüssigkeit verdampft ist.

Abkühlen lassen. Paprika waschen, halbieren, von Kernen und weißen Trennwänden befreien. In feine Streifen schneiden und mit dem Grünkohl mischen.

4 Teig nochmals durchkneten, auf einer bemehlten Arbeitsfläche zu zwei ca. 5 mm dicken Fladen formen oder ausrollen. Auf zwei mit Backpapier ausgelegte Bleche legen, mit einem Geschirrtuch zudecken und ca. 15 Min. gehen lassen. Inzwischen den Ofen auf 250° vorheizen. Teig mit Sugo bestreichen, Ricotta esslöffelweise darauf verteilen und pfeffern. Die Grünkohl-Paprikamischung dazwischen verteilen. Die Pizzas im heißen Ofen (unten) in jeweils 12–15 Min. nacheinander goldbraun backen.

5 Inzwischen die Butter in einem Pfännchen kurz aufschäumen lassen. Vom Herd nehmen, Paprikapulver unterrühren und leicht salzen. Die Paprikabutter über die fertigen Pizzas träufeln.

Meine Prise Magie
für Räucheraroma

Besonders intensiv schmeckt die Paprikabutter, wenn du zusätzlich ¼ TL Pimentón de la Vera unterrührst. Das spanische Paprikapulver trumpft mit seinen herzhaften Räucheraromen auf – und ist auch in der scharfen Variante (»picante«) durchaus zauberkräftig.

Ganz kreativ | 57

KEIN FASTFOOD

Für Pizzateig gibt es zahlreiche Rezepte. Viele italienische Pizzabäcker (»Pizzaiolo«) schwören auf einen Teig mit »Biga«: Das ist ein leicht gesäuerter Vorteig, der gut zwei Tage Gär- und Ruhezeit braucht. Auch danach herrscht noch ein ständiges Gehen und Warten – also nichts für Eilige.

GUTES TIMING

Mein Rezept geht schneller, aber ein optimal lockerer Pizzaboden mit knusprigem Rand und Wow-Effekt braucht einfach seine (Ruhe-)Zeit. Nur dann entfaltet das im Mehl enthaltene Gluten seine volle Wirkung und hält den Teig perfekt zusammen und gleichzeitig elastisch. Die Arbeit an sich sollte wiederum ganz schnell gehen: Pizzateig solltest du nur wenige Minuten kräftig kneten. Dann ist er leicht glänzend und gerade so elastisch, dass er sich gedehnt gleich wieder zusammenzieht. Je mehr Wasser darin ist, desto dehnbarer, luftiger und großporiger wird er später. Idealerweise ist der fertige Teig leicht klebrig – also nicht zu sehr »vermehlen« und besser mit einem Teigschaber arbeiten.

ERST WÄRME ...

Auf eine jeweils kurze Knetzeit folgen bei meiner Lieblingspizza zwei einstündige Ruhephasen bei Raumtemperatur. Wasser und Mehl bilden jetzt ein stabiles Glutengerüst, zudem aktiviert die Raumwärme die Hefe im Teig, und sie fängt an zu arbeiten. In dieser Zeit verdoppelt sich das Volumen des Teigs.

... DANN KÄLTE

Bei der folgenden langen Ruhephase ist der Pizzateig am besten im Kühlschrank aufgehoben. Die Hefe bewirkt eine Gärung, die den Teig Blasen bilden lässt. Durch diesen Prozess wird der Pizzaboden nicht nur optimal locker-leicht, sondern auch wunderbar aromatisch. Läuft die Gärung dagegen bei relativ hoher Temperatur zu schnell ab, schmeckt der Teig säuerlich und leicht vergoren. Dann lieber gemütlich ins Kühle! Ein perfekter Pizzateig sollte hier mindestens 8 Stunden und höchstens 24 Stunden ruhen. Und dann? In Ruhe Raumtemperatur annehmen lassen – für einen perfekt elastischen Teig.

WENIG ZEIT?

Gut Ding will Weile haben – das trifft beim Pizzateig voll zu, passt aber nicht immer in unsere Alltagsroutine. Nicht ganz so knusprig und eher kleinporig gelingt der Pizzateig auch mit einer etwas erhöhten Hefemenge. Damit muss der Teig dann nur 20 Minuten bei Raumtemperatur, aber mindestens 4 Stunden im Kühlen gehen.

Register

A

Auberginen
    Auberginen-Parmigiana 32
    Panzanella – Brotsalat 13
    Sizilianisches Schmorgemüse 30

B

Basilikum
    Auberginen-Parmigiana 32
    Dinkelsalat mit Paprika 26
    Linguine auf ligurische Art 41
    Panzanella – Brotsalat 13
    Sizilianisches Schmorgemüse 30
Birne: Radicchio-Risotto mit Birne 53
Bohnen, geschmorte 18
Bohnen, grüne: Linguine auf ligurische Art 41
Bohnen, weiße
    Crostini mit Bohnencreme 08
    Geschmorte Bohnen 18
    Panzanella – Brotsalat 13
    Ribollita – Toskanische Gemüsesuppe 28
Brokkoli-Pasta mit Mandel-Pangrattato 50
Brotsalat, Panzanella 13

C/D

Chili
    Brokkoli-Pasta mit Mandel-Pangrattato 50
    Crostini mit Bohnencreme 08
    Penne mit Schmortomaten-Pesto 54
    Polenta mit Pilzen 36
Crespelle mit Spinatfüllung 34
Crostini mit Bohnencreme 08
Dinkelsalat mit Paprika 26

E

Eier
    Crespelle mit Spinatfüllung 34
    Frittierte Zucchini-Blüten auf Erbsenpüree 48
    Gnocchi mit Salbeibutter 14
    Malfatti – Spinat-Käse-Nocken 38
    Maltagliati mit Walnuss-Sauce 22
    Mangoldkuchen mit Reis 44
    Sizilianisches Schmorgemüse 30 (Tipp)
    Spaghetti Carbonara mit Zucchini 20
    Zucchini-Frittata 10
Erbsen: Frittierte Zucchini-Blüten auf Erbsenpüree 48

F/G

Frittata, Zucchini- 10
Frittierte Zucchini-Blüten auf Erbsenpüree 48
Gemüsesuppe, toskanische – Ribollita 28
Geschmorte Bohnen 18
Gnocchi mit Salbeibutter 14
Grünkohl-Ricotta-Pizza 56

K

Kapern
    Brokkoli-Pasta mit Mandel-Pangrattato 50
    Sizilianisches Schmorgemüse 30
Kartoffeln
    Gnocchi mit Salbeibutter 14
    Linguine auf ligurische Art 41

L/M

Linguine auf ligurische Art 41
Malfatti – Spinat-Käse-Nocken 38
Maltagliati mit Walnuss-Sauce 22
Mangoldkuchen mit Reis 44
Minze: Frittierte Zucchini-Blüten auf Erbsenpüree 48

O/P

Oliven
    Penne mit Schmortomaten-Pesto 54
    Sizilianisches Schmorgemüse 30
Panzanella – Brotsalat 13
Paprika
    Dinkelsalat mit Paprika 26
    Grünkohl-Ricotta-Pizza 56
Penne mit Schmortomaten-Pesto 54
Pilze: Polenta mit Pilzen 36
Pinienkerne
    Linguine auf ligurische Art 41
    Maltagliati mit Walnuss-Sauce 22
    Penne mit Schmortomaten-Pesto 54
    Sizilianisches Schmorgemüse 30
Pizza: Grünkohl-Ricotta-Pizza 56
Polenta mit Pilzen 36

R

Radicchio-Risotto mit Birne 53
Reis
    Mangoldkuchen mit Reis 44
    Radicchio-Risotto mit Birne 53
Ribollita – Toskanische Gemüsesuppe 28
Ricotta
    Crespelle mit Spinatfüllung 34
    Grünkohl-Ricotta-Pizza 56
    Malfatti – Spinat-Käse-Nocken 38
Risotto, Radicchio- mit Birne 53
Rotwein: Panzanella – Brotsalat 13
Rucola
    Dinkelsalat mit Paprika 26
    Panzanella – Brotsalat 13

S

Salbei
    Geschmorte Bohnen 18
    Gnocchi mit Salbeibutter 14
Schmorgemüse, Sizilianisches 30
Schmortomaten-Pesto, Penne mit 54

Schwarzkohl: Ribollita – Toskanische Gemüsesuppe 28
Sizilianisches Schmorgemüse 30
Spaghetti Carbonara mit Zucchini 20
Spinat
    Crespelle mit Spinatfüllung 34
    Grünkohl-Ricotta-Pizza 56
    Malfatti – Spinat-Käse-Nocken 38

T

Thymian
    Radicchio-Risotto mit Birne 53
    Ribollita – Toskanische Gemüsesuppe 28
    Spaghetti Carbonara mit Zucchini 20
    Zucchini-Frittata 10
Tomaten
    Auberginen-Parmigiana 32
    Crostini mit Bohnencreme 08
    Dinkelsalat mit Paprika 26
    Geschmorte Bohnen 18
    Grünkohl-Ricotta-Pizza 56
    Ribollita – Toskanische Gemüsesuppe 28
    Panzanella – Brotsalat 13
    Penne mit Schmortomaten-Pesto 54
    Sizilianisches Schmorgemüse 30

W/Z

Walnüsse
    Maltagliati mit Walnuss-Sauce 22
    Radicchio-Risotto mit Birne 53
Wirsing: Ribollita – Toskanische Gemüsesuppe 28
Zucchini
    Frittierte Zucchini-Blüten auf Erbsenpüree 48
    Mangoldkuchen mit Reis 44
    Spaghetti Carbonara mit Zucchini 20
    Zucchini-Frittata 10

AUTORIN UND FOTOGRAF

dieses Italo-Veggie-Buchs

TANJA DUSY

Was ist die Zauberformel für ein rundum gelungenes Gericht? Auf welch magische Weise entfalten Zutaten ihren besten Geschmack? Seit mehr als zwei Jahrzehnten geht die Autorin und ehemalige GU-Redakteurin Tanja Dusy diesen Fragen auf den Grund: am eigenen Herd, auf Reisen und durch Beschäftigung mit vielfältigsten Disziplinen, die über den engeren Küchenhorizont hinausreichen. Neues entdecken, dazulernen und ihr Wissen weiterzugeben sind dabei ihre ständige Motivation.

WOLFGANG SCHARDT

… kann seine Liebe für Essen und Trinken beruflich ausleben: In seinem Studio in Hamburg fotografiert er vor allem Food, Stills und Interieur für Magazine, Verlage und Werbung. Sein Team für die magischen Fotos dieses Buchs: Adam Koor (Foodstyling) und Maik Sieger (Assistenz).

www.wolfgangschardt.com

APPETIT AUF MEHR?

ISBN 978-3-8338-5334-0

ISBN 978-3-8338-6622-7

ISBN 978-3-8338-5015-8

ISBN 978-3-8338-4177-4

ISBN 978-3-8338-7914-2

ISBN 978-3-8338-2627-6

Alle hier vorgestellten Bücher sind auch als eBook erhältlich.

Mehr von GU auf www.gu.de und facebook.com/gu.verlag

Impressum

© 2022 GRÄFE UND UNZER VERLAG GmbH, Postfach 860366, 81630 München

GU ist eine eingetragene Marke der GRÄFE UND UNZER VERLAG GmbH, www.gu.de

ISBN 978-3-8338-8432-0
1. Auflage 2022

Alle Rechte vorbehalten. Nachdruck, auch auszugsweise, sowie Verbreitung durch Bild, Funk, Fernsehen und Internet, durch fotomechanische Wiedergabe, Tonträger und Datenverarbeitungssysteme jeder Art nur mit schriftlicher Genehmigung des Verlages.

Projektleitung: Alessandra Redies
Lektorat: Julia Genazino
Korrektorat: Ulrike Wagner
Gesamtgestaltung: ki36 Editorial Design, Sabine Krohberger, München
Herstellung: Petra Roth
Satz: Reemers Publishing Services GmbH
Reproduktion: medienprinzen GmbH
Druck + Bindung: Firmengruppe APPL, aprinta druck, Wemding
Printed in Germany

Bildnachweis:
Julia Hoersch: Coverfoto und Still S. 62;
PicturePeople: Autorinnenporträt S. 04;
Wolfgang Schardt: alle anderen Fotos im Innenteil;
Noun Project: Piktogramme S. 04–05, 59

Umwelthinweis:
Nachhaltigkeit ist uns sehr wichtig. Der Rohstoff Papier ist in der Buchproduktion hierfür von entscheidender Bedeutung. Daher ist dieses Buch auf PEFC-zertifiziertem Papier gedruckt. PEFC garantiert, dass ökologische, soziale und ökonomische Aspekte in der Verarbeitungskette unabhängig überwacht werden und lückenlos nachvollziehbar sind.

Syndication:
www.seasons.agency

Die GU-Homepage finden Sie unter www.gu.de

Ein Unternehmen der
GANSKE VERLAGSGRUPPE

LIEBE LESERINNEN UND LESER,

wir wollen Ihnen mit diesem Buch Informationen und Anregungen geben, um Ihnen das Leben zu erleichtern oder Sie zu inspirieren, Neues auszuprobieren. Wir achten bei der Erstellung unserer Bücher auf Aktualität und stellen höchste Ansprüche an Inhalt und Gestaltung. Alle Anleitungen und Rezepte werden von unseren Autoren, jeweils Experten auf ihren Gebieten, gewissenhaft erstellt und von unseren Redakteur*innen mit größter Sorgfalt ausgewählt und geprüft.
 Haben wir Ihre Erwartungen erfüllt? Sind Sie mit diesem Buch und seinen Inhalten zufrieden? Wir freuen uns auf Ihre Rückmeldung. Und wir freuen uns, wenn Sie diesen Titel weiterempfehlen, in Ihrem Freundeskreis oder bei Ihrem Online-Kauf.
 Sollten wir Ihre Erwartungen so gar nicht erfüllt haben, tauschen wir Ihnen Ihr Buch jederzeit gegen ein gleichwertiges zum gleichen oder ähnlichen Thema um.

KONTAKT ZUM LESERSERVICE

GRÄFE UND UNZER VERLAG
Grillparzerstraße 12
81675 München
www.gu.de